한혜원 시집

내 발우 속에는 아귀가 산다

문학사계

시집을 내면서

두 눈을 뜨고도
나는 나를 본 적이 없다.

야근하는 날 창가라든가
새벽에 마시는 검은 커피 잔 속이라든가
종일 파지처럼 구겨 앉아 있다가
그래도 손에 쥔 밥숟가락에 비친
그게 나였을까.

형광등이나 꼬마전구 청색증에 걸린 모니터를
고스란히 두 눈에 동동 띄워놓고 있는 나는

아직도 나를 더듬고 있다.

:

살아서 본
모든 것에 감사드린다.

특히 拙稿를 아껴주신
오봉옥, 황송문 교수님께 감사드린다.

2008년 12월 15일

차 례

2. 전설은 입속에서 시작되었다

4. 능금은 언제 깊어지는가

1

달리와 비너스

그는 잠시 서랍을 보았을 뿐

서랍을 채우지도 않고
서랍을 닫지도 않고
그녀를 전시장 한가운데 세워 두었다

선인장

전자파를 차단한다고
컴퓨터 옆에 놓아둔
선인장이 죽었다
겨울에도 가시가 빳빳하던 녀석이
에어컨 바람에 죽어 나갔다
물 한 번 안 주어도 2년을 살던 녀석이
전자파만 배터지게 먹고 죽었다
오늘 나는 녀석을
땅에 묻지 못하고
음식물 쓰레기통에 버렸다

식당에서

때가 되면 왜 꼭 배가 고픈지
때가 되면 꼬박꼬박
월급이 나오는 것도 아닌데

식당 둥근 의자에 앉아
번번히 갈등을 한다
오백 원 싼 꽁치구이를 시키는데
식탁 밑에 떨어져 있는
백 원짜리 동전이 보인다

밥상 위에 꽁치 눈알이
백열등에 반짝인다
백 원짜리 동전같다

왜 안 먹는 건지
도무지 알 수 없는
꽁치 눈알

고백

내 발우 속에는
아귀가 산다

달리와 비너스

그는 그녀의 서랍을 열었다

그녀의 머리
그녀의 유두
그녀의 배꼽, 아래
그녀의 무릎

그는 잠시 서랍을 보았을 뿐

서랍을 채우지도 않고
서랍을 닫지도 않고
그녀를 전시장 한가운데 세워 두었다

그는 듣지 못한 것일까
그녀의 울음소리

** 달리의 비너스-밀로의 비너스에 서랍을 달아놓은 작품*

달

주름진 등고선 사이에 눈물이 흘러
너에게는 천 가지 광물이 살고

나는 10억년 동안 너를 향해 돌았다
내 등뼈는 둥글게 너를 향해 감기고

매일 나는 우물을 팠지만
내 눈물은 너를 향해 날아가고
나는 항상 목이 말랐다

언젠가 너는 내 굽은 등뼈에 산의 이름을 붙이고
깃발을 꼽고
그리고 말했다

10억년-너는 눈물이 없으므로
미소량의 광물질, 등뼈밖에 없다

하루

일어서야 할 때 일어서지 못하고
지하철 경로석에 앉아 있다가 막말을 듣고
야근에 야식을 먹을까 혹시 기다리다가
집에 와서 혼자 사발면을 먹고
밤새 사직서를 면발처럼 구겼다 폈다 하다가

아침이면 다시 지하철을 탄다
경로석이라도

나는 자꾸 흘낏거린다

나를 조문하다

죽어도 상관없을 것 같은
그런 날 난 유서를 쓰지
가끔씩은 살아야만 하는 날도 있어
그런 날은 잘근잘근 껌을 씹으며 유서를 쓰지

빈 상청에 앉아 난
내가 쓴 유서를 읽고 있어

끄떡 끄떡
나를 조문하지

얼굴

아닌 척, 익숙하게
나는 아무데서나 얼굴을 비춰 본다
외피가 반사유리인 건물에서는
얼굴이 번번히 일그러져 보이고
알미늄 판넬에서는 냉증이 들어 보이고
모니터에 비춰 볼 때는 군데 군데 시시한 기사를 보느라
얼굴을 놓쳐 버리기도 한다
한 번은 거울 가게 앞에 서 있었는데
비슷비슷하지만
똑같은 얼굴은 하나도 없었다

오늘은 설렁탕을 먹는데
국물에 기름이 돌고 다대기가 화장처럼 올라 앉아
얼굴이 보이지 않았다, 문득
간장 종지에 떠 있는 얼굴이 새까맣다

팝콘

그런데 극장에선 팝콘만 팔아
빨강 노랑 파랑 팝콘도 있지만
난 흰 팝콘을 집었어
흰 팝콘을 보면 마릴린 몬로가 생각나거든
7년만의 외출인가, 확 뒤집어지는 뽀얀 치마 말이야
불이 꺼지면 난 그 발칙한 팝콘을 집어 먹어
고소하고 짭쪼름해
마지막 팝콘을 먹을땐
어둡지만 재빨리 주위를 둘러봐
쪼옥
손가락을 빨아 먹어야 하거든

몽골, 아이들

바람에 스친 자국이다
저 볼은

로션 한 번 발라 본 적 없는
얼었다 녹았다를 반복하며
겨울 홍옥처럼 빨개진
저 볼은

몽고 반점이
볼에 문징처럼 돋아나
이제는 가난을 증명하는
저 볼은

말을 몰며, 관광객을 몰며
수줍게 붉어진
저 어린 볼은

口業

내 침샘 어디에 독이 숨었는지

어떤 날은 최루탄처럼 대놓고 쏘아대기도 하고
어떤 날은 연탄가스처럼 조용히 다가가
숨통을 조이기도 하고
어떤 날은 벼르기만 하다가 연습용 가스처럼맥없이 슬슬 풀어지고
어떤 날은 복어독처럼 맛있게 누워있고
어떤 날은 코브라 긴 혓바닥을 목구멍 깊숙히 넣어 물기도 하고

독이 풀린 공기는 뜨겁고
호흡이 가빠지고
혈관을 타고 퍼지는 현란한 반점들
켜켜이 옷을 입고 해독제를 찾아 나서다가

나는 긴 혓바닥을 내어

붉게 독오른 내 반점을 본다

**구업-불교에서 말로 지은 죄*

컷, 하나

오래된 사진이 새로 벽에 걸렸다
양쪽으로 머리를 땋고 흰 세일러복을 입은 소녀
인공관절 수술을 하고 걸음마 연습을 시작한 엄마가
퇴원을 하자마자 한 첫 번째 일이다

세일러복만큼 단 두 줄, 검은 머리카락이
남아 있을까. 이제 엄마는
뿌드득 관절 소리 대신
철그럭 보행기 소리를 내며 걷는다

알루미늄 빈 캔처럼 구겨진
한 컷,
납짝 시간

왜 앵무새를 죽였는가

새통에만 살고 있는 새를
주는 모이만 받아 먹는 새를
먹고 말만 하는 새를
밤이면 잠만 자는 새를
감히 날지 않는 새를
알려주는 것만 알고 사는 새를
어떤 것도 묻지 않는 새를
가슴 속에 말은 한마디도 하지 않는 새를

먼저 턱밑과 가슴의 빨간털을 뽑는다
더 이상 용도를 알 수 없는 날개의 초록털을 뽑는다
다리에 잔털을 뽑는다
노란 진액이 박피된 껍질 털구멍마다 새어 나온다
다시 가슴팍에 처박고 있던 뾰족한 주둥이로
장간막을 잘게 잘게 잘라내고
실처럼 야윈 내장이 나온다

텅빈 자궁을 찾아 앵무새는 목을 박는다

툭,
눈알 하나 굴러 떨어진다
새똥 같다

웃음소리

물관과 체관이 아무리 빨리 움직여도
이미 노쇠한 껍질이나 목질부까지
수액을 나르려면 목에 힘줄이 돋았다

고리채처럼 점점 무거워지는 몸체를
나는 간단히 가위질 한 번으로 잘라내고
연두빛 잎새만 달아 분재를 했다

비가 오는 날이면
가끔 가위질한 부분이 간지러워
낄낄 웃다가
벅벅 긁다가
진물이 나고 딱지가 앉고 껍질이 두꺼워지고
이제는 나도 막힌 빨대처럼
아무리 입술에 힘을 주고 빨아도
수액이 잘 돌지 않는다
체지방처럼 엉겨붙은 목질부를 보며
키들키들 연한 잎새들

웃는 소리가 들린다
낯익은 웃음 소리가 섞여 있다

낄낄낄

발

발발이가 발발발 거리는 것은
죽도록 마른 땅 밟고 싶어
폭폭 발 묻히는 흙땅 버리고
뛰쳐 나온 것인데

건물 속 왁스칠한 바닥은 반딱거려
납짝 바닥에 붙어
발발발발 기어도 미끌어지고

충무로 애견쎈터 앞 앙증맞은 신발들은
발발발발 기어도 살 수가 없고

발발이가 발발발 거리는 것은
온 몸으로 꼬리쳐도
꼬리는 발을 덮지 못하기 때문인데

공사중 막 퍼올린 슬러지에 장화처럼 발을 묻고
발발이 오늘도 발발발

시리다, 발*

** 시리다, 발 – 신이현 시인의 시 제목*

퀙퀙퀙퀙퀙

1.
나는 알 수가 없어
어디가 너의 지뢰밭인지
어디서 뇌관을 건들인 건지
얼굴이 노래진 다음에야 그게 어디였는지 되짚으려 하지만

어쩌면 "나"는 장모음이 먼저 들렸는지도 몰라
"ㅏ"는 "ㅣ----------------->"로 귀에 가서 고막을 뚫어 버리고
"ㄴ"은 나중에 슬슬 기어가서 피 터진 고막을 틀어막으려 했는지도

2.
귀를 막고 자판을 두드려
나는 한글 두벌식 표준을 쓰지만
너는 한글 두벌식 북한을 쓰거나 한글 세벌식 로마자 옛방식을 쓰는지도 모르지

너는 내 글을 읽을 수 있을까? 부서지고 깨진 글자들을 말이야

퀙퀙퀙퀙퀙퀙퀙퀙퀙퀙퀙퀙퀙퀙퀙

꿈틀,

땅바닥에 배를 깔고 온 몸으로 긴다
깊이 깊이 들어가 산삼이나 더덕 내린 물을
먹고
향기로운 약초로 집을 짓고 살아도
싫다
나는 뜨거운 태양을 향해 기어 간다
목이 마르다
이마에 솟던 땀도 더 이상 흐르지 않고
등허리는 버석버석 껍질째 피부는 찢기고
떨어진다
핏물이 흙바닥에 엉긴다
몸통이 번데기처럼 오그라든다

단 하루만 살자
햇빛 부서지는 곳에서
누액이 마르고 누선이 마르고
두 눈의 볼록렌즈에서 햇빛이 발화한다
눈꺼풀을 뒤집어 안구를 태우고
배를 갈라 혈관 속에 늘어 붙은 끈끈한

DNA를 훨훨 태우고

단 하루.
단 하루만 살자
온 몸으로 단 하루만 살자

큐브

길을 잃을 염려는 없어
길이란 애초에 없으니까
정육면체, 공평한 공간이야
하루 종일 나는 큐브 속을 돌아
왼쪽은 계속 왼쪽이 되고 앞은 계속 앞이 되고 가속도가 붙고 앞과 뒤는 납작 붙어버렸어
뱅글 뱅글 시간은 나선으로 머리를 땋고
흰 교복을 입고 365색 크레파스로 하늘을 그리다가
빨랫줄에는 흰 배냇저고리가 걸려 있어
방금 먹은 엄마 젖을 다 토해 내고 옷을 벗고 방이 자꾸 좁아져 양수가 목젖까지 차오르고
자궁벽을 벅벅 긁다가 굵은 동맥과 정맥이 툭 터져 혓바닥에는 자자형刺字刑이 찍혔어

다시 팽팽하게 태엽을 감고 큐브 속을 돌아
시간은 꼬리가 없어

네 개의 벽과 천정과 바닥에는 솜털 구멍들이 점점 커지고
큐브의 육각귀퉁이가 털어져 나가

처음부터 길은 없었어
혓바닥은 날름거리고
허공에 함부로 스크래치를 긋고 있어

발자국

정수리에 난 사마귀를 오이로 문지른다
오이는 사마귀의 육즙을 빨아들인다
조금 조금 사마귀는 시들어가고 채식주의자인 오이는
동물성 육즙을 먹고 자란다
바오밥나무처럼 오이는 커지고 지구가 터질까봐 나는 오이를 먹어 없애기로 했다
오이를 깨문다 미지근한 육수 맛이 난다
왜소증에 걸린 나는 오이를 먹고 한 뼘씩 자라 내 발은 농구 선수만해지다가 항공모함만 해졌다
나는 심해에서 상어를 한손으로 잡고 상어 알이나 지느러미를 먹고 상어가 지키는 진주를 건지려 하는데
발가락이 해저 협곡 틈에 끼어 진주를 꺼낼 수가 없다
발바닥 아래 지구는 축구공처럼 굴러 다닌다
지구 중력을 벗어난 머리 가슴 두 팔 둔부

두 다리는
　차례대로 폭죽처럼 터져 버린다
　오이 씨앗들이 지구에 우박처럼 쏟아진다

　남겨진 두 발만 밤마다 지구를 걸어 다닌다

밤 12시, 신도림역

열차풍이 분다
지하철이 들어올 때마다 콧속이 따끔거린다
기도는 갱도처럼 어둡고
기침을 할 때마다 탄차 굴러가는 소리가 난다
다닥다닥 허파꽈리에 달라붙은 흑점 알갱이들
정확히 3분 1분 요즘은 30초 간격으로 허파꽈리가 비틀린다
열차경적음은 999999999조 개의 꽈리 트는 소리를 한꺼번에 낸다
입속에서 탄가루가 쏟아진다
검은 각질들이 부슬부슬 일어난다
표피 진피 소장 대장 막창이 떨어져 나간다
열차풍이 불 때마다 검은 눈이 내린다
검고 딱딱한 심장들이 지하철을 탄다
12쌍의 검은 늑골들이 쓱 다리를 뻗고 우글우글 굴러간다

브런치 타임

접시처럼 길은 매끈하다
33층 옆에 55층 옆에 77층 옆에 99층 B블록 1층 스퀘어에 앉아
브런치를 시킨다
샌드위치 속에는 노란 은행나무와 단풍나무 빳빳한 쥐똥나무를 넣고
버스 택시 볼보 포르셰 덤프트럭 검은 매연이 소스처럼 나와 접시에 흐른다
바사삭, 외장 유리가 씹힌다 55층이다
길쭉한 99층은 특히 내용물이 많아 툭툭 알갱이가 터지고
쓴 맛 단 맛 떫은 맛 눈물이 핑 도는 매운 맛도 난다

형강은 질겨서 입 속에 넣고 한참을 녹여서 삼키고
한 모금 커피를 마신다
뜨겁다 재채기를 한다
사람들이 입 속에서 튀어 나온다

나는 이를 칠창처럼 꽉 닫고
99층까지 꼭 꼭 씹어 혼자서 다 먹는다

껌 껍질을 깐다
아스팔트를 돌돌 말아 넣고 씹는다
지크 엑스큐가 도포되어
긴 혓바닥에는 검은 기름이 뚝 뚝 흘러 내
린다
나는 번쩍이는 건물의 외피를 쭉 벗겨
접시를 닦는다

박제

난 매일 아침 눈알을 박아
동공 속에 내장된 검은 칩은
정해진 회로를 따라 가고
아홉시부터 아홉시까지
접착제가 없어도
엉덩이는 의자에 자발적으로 붙어 있어
손대지 마시오
팻말이 있긴 하지만
흔들리는 깃털은 오늘도 뽑힐 만큼 뽑혔어
마주보지 못하고
눈알을 깔고 째려 보았어
휙휙 눈알이 마구 돌다가
또르르 굴러 떨어지네

날 박제한 건 나야
저 놈의 눈알을 주워야 하나

명왕성

국제천문연맹에서는 명왕성을 퇴출시키기로 했습니다
이에 따라 수성 금성 지구 화성 목성 토성 천왕성 해왕성 등 8개만
태양계 행성으로 남게 되었습니다
오후 늦게 나는 이런 통보를 받았다
알고 보니 궤도가 불규칙하고 쪼그맣고 인공 불빛이라고

물론 나는 가끔 제멋대로이고
해왕성처럼 큰 놈을 슬쩍 슬쩍 건드리기도 하지만
늘 제자리, 태양을 향해 돌았는데

한때 나는 별인줄 알았어
밤마다 내 두개골은 흰 발광 다이오드처럼 빛났으니까
이제 사람들은 나를 왜 행성이라고 불러
난장이라는 뜻이래

밤이면 나는 작은 내 인골을 어디에 처박아야 하는지 모르겠어

문득, 발끝이 궁금하다

그래도 아침이면 출근하는 곳이 이 곳이라고
퇴근 후에 기어 들어가는 곳이 같은 주소지
라고
오늘 온 길과 어제 온 길이 비슷비슷 닮아
있다고
땅바닥, 날마다 문지르고 다닌 발끝이
뭉클뭉클 자라 구근으로 뿌리 박고 있는지

발끝이 무겁다
전동카타를 잡고 나는 구근을 잘게 잘게 잘
라낸다
훅, 바람이 불고 톱밥이 눈으로 들어간다
눈이 보이지 않는다

뿌리를 자라낸 뭉뚝발은
익숙한 공간만 밟고 다닌다

꽃꽂이

아프구나
너도 꽃처럼

뿌리를 잘린 채
줄기를 쇠 침봉에 꽂힌 채
웃고 있는 꽃처럼

너도 아프구나

사막

빡빡히 건물들이 들어선 테헤란로, 협곡에는
바싹 마른 아스팔트가 바닥을 드러내고
차들은 모래처럼 굴러 다니지
거리의 대형 전광판에는 주식그래프가 빨간 불이거나 파란불이거나
뾰족한 화살표를 따라 거센 모래 바람이 불고

오늘은 내 위장도 모래로 가득 차고 입 속이 꺼끌해
선인장을 뽑아 빨아 먹는데
입에는 가시가 박히고 핏물이 흘러
사막이 빨갛게 물들고 있어

내일은 여우강이라도 흘렀으면 좋겠어
잠시 입술만 적시다 사라진다해도

2

전설은 입속에서 시작되었다

앞 이가 두 개 나면서 달토끼는 추락하였다
짧아진 앞 발로 시퍼런 지구를 찔뚝이고
아랫니 두 개를 보태고도 여전히 초식동물
눈이 빨개지도록 분주하였다

탈출

노란 초승달이 낫같이 두 눈을 파고 든다
나는 눈조리개의 줌 배율을 놓쳐 크게 할 때 작아지고 작게 할 때 커지고
망막에 새겨진 낫자국들
두꺼운 눈거풀을 닫고 누워
눈물의 간을 본다

누액의 농도와 탁도를 맞춰
가릉 가릉 목구멍까지 만수위가 되면

흔들리는 유성이나 쪽배가 드나드는 은하수
쓱 스며들어 가볍게 몸 하나쯤
유체를 이탈하고 싶다

별, 사탕

저녁을 먹고 할머니를 따라 마실을 나갔다
삼선교 개울 건너편 흰 차일이 너풀거리고
차일 아래 줄을 내 매단 알전구가 개울물에
별처럼 반짝였다
삼베옷을 입고 오가는 사람들이 배를 타고
떠다니는 것 같았다

사탕을 사달라고 언덕바지를 내려오며 조르
던 내게 할머니는
손가락으로 건너편 흔들리는 배를 가리키며
게를 먹고 사탕을 먹으면 죽는다고 했다

죽음은 개울 건너에 있고
입 속에 사탕이 다 녹으면 죽는거라고

식구통

식구통의 밥을 받아 먹으며
그는 食口痛이 생겼다

삐꺽 식구통 열리는 소리가 나면
어쩔 수 없이 침샘이 열리고
눈물샘이 따라 열렸다

생일날 미역국은 나오지 않고
공연히 마른 미역 줄기처럼 목이 뻣뻣해져서
빨간 김치에 뚝뚝 눈물을 묻혀 밥을 삼켰다

이제 그는 아내가 차리는 정갈한 밥상을 받고도
침샘이 열리면 눈물샘이 열리고
김치를 얹지 않아도 간간히 간이 밴 밥을 먹는다

해피가 집을 나갔다

당골 무당이 흰 광목천을 몸으로 가르며 저승길 내던 날
혼 굿이 끝나고
죽은 듯이 엎드려 있다가
한 쪽 구석에 앉아 있는 해피를 노려보며 말했다,

재수 없는 물건이 집에 들어와서
갑작스런 아버지의 死因을 무당은 그렇게 간단히 규정지었다

굿은 그저 굿이었지만
어느 날부터 해피가 보이지 않았다

해피는 어디에 있는 걸까

봄을 훔치다

파종지나 물오른 열무를 따면
뭐가 그리 급한지
흰 뿌리들 바로 따라 올라 오지

검은 땅 먹고 어쩌면 그리도 흰지
몽땅 뿌리 채 뽑았지
싹뚝싹뚝 잘라서 빨간 고추물 들여서
참에, 막걸리 한 잔
탱탱한 열무에 무쳐 먹었지

모른 척,
봄을 훔쳤지

가재 죽이기

가재는 원시적인 뇌가 있고
이마에 뿔이 있고
머리가슴이 있고 가슴다리가 세 개 있지
암컷은 가슴다리로 부화한 새끼를 감싸 배에 붙이고 기르지
헌데 가재는 무척추 동물이어서
고통을 느낄 능력이 없데
끓는 물에 넣었을 때 몸을 움직이는 건 단지
솥에서 도망가기 위한 본능이라지
그래도 가재 요리 연구가들은 고통없이
가재 죽이는 방법을 연구했어

– 차가운 물에 가재를 넣고 온도를 점점 높인다
– 두 눈 사이를 뾰족한 나이프로 찌른다

도무지 가재는 아파할 능력이 없어서
죽으면 빨개지는 가슴만 네 개 있지

혹시, 후에

두물머리에서 만나거든
펄떡이는 쏘가리 한 마리 통으로 넣고
매운탕이나 한 그릇 하지요
두물머리에서 막 퍼올린 맑은 소주 한 잔 앞에 놓고
언제 만났더라 기억하지 말고
다시 언제 만날까 생각하지 말고
이렇게 얼굴 보는 지금
소주잔에 동동 그대 얼굴 다 들어 있을 때
그대 눈에 내가 아슬히 비칠 때
무릎 마주 앉아 뜨겁게 후루룩,
밥 한 번 먹지요
두물머리에서 우리 만나거든

배꼽단추

목욕탕에서 그네들 우들두들한 뱃가죽에
검고 긴 자크를 보았지
자크를 쭉 열고 아기를 꺼낸다지
내 배엔 자크가 없어 대신 매일 나는 배꼽에 단추를 달아
장미 단추를 달면 배꼽이 아파
가시에 찔리면서 장미 향기를 낳지
별 단추를 달면
밤에 처녀좌나 물병좌 긴꼬리 전갈좌를 볼 수도 있어
어떤 날은 비 단추를 달아
껌껌한 흙비 장대비 이슬비 여우비
그런 날은 아침이 올 때까지 비소리를 듣기도 하지
오늘은 구름단추를 달아 보려고 해
모두가 잠든 사이 구름 단추를 열면 흰구름
배꼽에서 뭉개 뭉개 피어 오르고
어쩌면 나는 조금씩 가벼워져
구름이 될지도 몰라

또, 사춘기

아프다
몽우리가 살금 살금
살갗을 당겨 융기하고

아프다
봉우리 만큼 볼록해 져
수줍어 자꾸 옷을 껴 입고

아프다
욕실 문을 잠그고
뭉크의 사춘기처럼 서 있었다

아프다
더 이상 융기하지 않는 대지,
고생대에선 대지 대신 사람이 흔들린다

아프다
거울 속
암모나이트 하나 보인다

시체놀이 해볼까

진짜처럼 죽고 나서 거짓말처럼 살아나는
어린 서부의 총잡이처럼
부상을 당하면 멋있게 죽음을 택하거나
바로 일어나서 또 죽을 준비를 하지
죽는 장면은 매번 달라
그런데 생각해 보니까 제대로 죽었던 적은 없었어
사지를 뻗고 하늘을 보며
똑 바로 죽어 본 적이
요즘도 시체놀이를 해
무겁게 총기 따위를 들고 다니지는 않지만
서툰 비비탄도 날아 오지 않아
가끔씩 눈에서 눈총이 발사되거나
혓속에 뇌수를 역류시키는 침샘이 흐르지
퍽 퍽 쓰러지지도 않고
쓰러지고 다시 일어나지도 않아
죽으면 서 있어야 하지
거리에는 죽은 사람들 뿐이야

빅브라더

상태가 양호하지 못하여 컴을 점검 받았다
보이지 않는 저쪽의 누군가가 쓱 내 컴으로 기어 들어와
모니터를 슥슥 긁고 다닌다
원격조정되는 화살표를 따라
눈을 머리를 손을 박박 긁는다
허리를 어쩌면 기름기 늘어진 둔부를
들켜버린 것들을 혹시나 감추려고
나는 무릎을 모으고 있다

방화벽을 막 설치했는데 불량한 글이 올라오면 그렇습니다

한참 내 비밀번호를 무력하게 휘젓고 다니던 손이 말했다
물음표 쉼표 말없음표 말줄임표
기호가 많은 내 머릿속을
그는 아주 간단히 정리하였다

불량함

손톱을 세워 머릿속의 불량함을 끄집어 내야 하는지
비밀 번호가 비밀스럽지 않은 더 이상 숨을 곳은 없는지

마우스가 지나간 자리마다
벌 벌
살점이 벌겋다

전설은 입속에서 시작되었다

앞 이가 두개 나면서 달토끼는 추락하였다
짧아진 앞 발로 시퍼런 지구를 쩔뚝이고
아랫니 두개를 보태고도 여전히 초식동물
눈이 빨개지도록 분주하였다
송곳니가 나고 겨우 연장하나 생긴 것 같아
입속에 꼬옥 숨겨 놓았는데
지나가던 괭이였는지 늑대였는지, 이명처럼 문틀이 덜컹이고
깨문 송곳니에 혓바닥 돌기는 툭툭 피가 터졌다
서툴게 사랑니를 고쳐 앓고
때론 온통 어금니에 기대 서 있었다

토끼는 매일 이를 갈았지만
이는 계속 자랐다
촘촘히 잇속에 상형 문자를 새겨 넣고
하나씩 뽑아 달에게 던진다

달랑 두 개 남은 앞니

달이 웃는다
입 속이 까맣게 환하다

감자꽃

감자꽃의 꽃말은
당신을 따르겠습니다

실한 감자를 따려고
꽃잎을 비틀어도
당신을 따르겠습니다

제대로 키우지 못한 감자
빌빌 팔려 나가지 못하고
다시 처마 밑에 기어 들어 몇 날 며칠 독한 싹을 틔우면
부뚜막에 앉아
무던히 싹을 잘라 감자를 삶고

어둔 방안 소금을 찍어 감자 한 알 내밀며, 그래도
당신을 따르겠습니다

천변에, 서

과연, 청계천에 가면 천개 천이 있다
부서지게 파란 하늘 천도 있고
발 담그고 노는 어린 천도 있고
근처 빌딩에서 업무을 구기고 나온 이마 위
내 천도 있고
떠도는 잡상의 손톱 밑 까만 천도 있고

저기, 저 사내
시시껄렁한 공연을 하고 천변에 떨어지는
동전을
그래도 바지에 쑤셔 넣는 사내
목울대가 울컥 시린 천을 돌았던가

가만, 청계천에 서 보면
들린다
천개 천 흐르는 소리

그리고, 예수님은 말씀하셨다 일어나 걸으라

모니터에선 푸른 강이 흐른다
끝없이 쏘아대는 주사선 강줄기를 따라 광케이블을 연결한다
파들 맥박이 뛰고 다리밑 하지정맥류가 부르르 떤다

살찐 방치살을 먹고 자라
툭툭 불거진 덩굴손으로 자라, 하지정맥은
의자를 칭칭 묶고 콘크리트를 묶고 철근을 묶는다
화장실 레바를 내릴때마다 정맥 흐르는 소리가 난다
건물에는 푸른강이 흐르고 모니터가 둥둥 떠다닌다
창 밖으로 푸른 입김이 서린다

일어서려 하는데 의자가 따라 일어나고
건물이 흔들린다
정맥류가 거세게 물결친다

다리는 어디에 있는가

사실은요

저는요 포크볼이 무서워요
오늘도 녀석은 손목에 힘도 하나 안 주고
공을 던졌는데요, 쌔앵
내 방망인 백기처럼 또 흔들렸지요

데드볼이면 어차피 맞았으니 맞불 놓고
살아보는 건데

그래요
저는 포크볼이 무서워요, 쌩
까는 말처럼 날아 온 공을
겁줄 때 겁먹고 죽었거든요
쪽팔리거든요

M&A

단 두 개의 젓가락으로 나는
놈의 흰 뼈 위에 얇게 져민 선홍색 살점을
집는다
빤히 놈이 나를 쳐다본다
지느러미 다음에 목을
목 다음에 꼬리를
사이 사이 도톰한 가슴살을 퍼즐처럼 먹는다

뒤엉킨 살점들이 뱃속에서
부들 부들 회를 친다

개밥풀꽃

흰 밥이 찰지게 익어 가는 동안,

쌀인 것이, 분명
밥도 아닌 것이
밥그릇에 제대로 담겨 보지 못하는 것이
된 불에 노랗게 말라 버린 것이
다시 물에 퉁퉁 불어 버린 것이
숭늉하고 남은 흐물어진 누룽밥

삼백 예순 다섯 날, 닥닥
가마솥을 긁는
노오란 개밥풀 꽃

가로등

가로등 하단 30 센티미터는 세탁소집 삐삐 뒷발드는 영역

가로등 하단 90 센티미터는 취하거나 안취해도 누군가 돌아서 일 보는 영역

가로등 하단 1.5 미터는 그렇고 그런 전단지영역

가로등 갓 아래는 가끔씩 사고치는 참새의 영역

가로등 살짝 비껴 밤이면 그림자 진 곳은 거시기 뽀뽀하는 영역

가로등 뒤는 수줍게 숨어 잠깐 아주 잠깐 그가 오는 영역

바바리맨~~

고 년

시월 홍시 같다
오전 내내 긴 장대로 쫓아다녀야 하는

제풀에 떨어진 것 말고
오다 가다 잘못 쳐 땅바닥에 뒹구는 것 말고
코 끝을 세우고 장대 끝에 탱탱하게 앉아
오는, 고 년
나는 봉긋한 몸을 만지작거린다
껍질이 제법 성깔을 부리지만
껍질채 삼켜도 떫지는 않다
기다린 듯, 껍질을 벗기면
주홍빛 가슴에 단 물이 줄줄 흘렀다

나무 밑에 것은 벌써 도리를 냈고
높은 가지 것을 따야 하는데
오늘은 더 먼 가지 끝에 매달려 있다
목이 아프다

고 년, 너 오늘도 안 내려오면

까치밥으로 준다

오도암悟道庵

긴 빨래줄에
잿빛 양말 한 짝 걸렸다

너무 낡아
성근 올 사이로
바람이 다 보인다

** 오도암 – 송광사 옆 작은 암자*

아직, 나는 입을 그리지 않았다

뭉크의 방은 입으로 가득 차 있다
귀바퀴를 돌며 증폭되고, 비명이 들려

나는 입을 지운다
나이프로 검은 물감을 찍어 캔버스의 왼쪽
달랑 달랑 달려있는 목젖과
박피된 입술
입 없는 두 눈을 지운다
귀를 막은 두 손을 지운다
두 귀를 지운다

비명이 검은 캔버스에 갖혀 있다
나는 입을 그리지 않는다

캔버스를 액자에 꽉 끼어 넣고
뭉크의 방에 다시 걸어 놓는다

** 뭉크 의 방–비명 또는 절규(作)*

우리-----------집

우리------------------집에는
텔레비전이살고냉장고가살고오디오가살고낮은침대가살고의자가살고
방마다방문이살고자물쇠가살고

우리------------------집에는
색바랜커튼이살고커튼사이로가끔햇빛이들고햇빛속에는
먼지가살고

투자학 개론

꿈을 꾸십니까?
꿈이란
세상에서 가장 큰 도둑입니다

미래에 투자하십니까?
미래란
금융포식자의 미끼입니다

무릇
투자란 오늘도 벌고 내일도 버는 것

오늘의 추천종목을 소개합니다
너
그리고 사랑
후식으로 먹을 초콜릿

입술 읽는 소리

신문 광고를 보고 있어
바코드가 선명한 입술

빨간 불빛이 입술을 스치면
삐 소리가 나고

인식번호 0101000101110101

입술을 읽어
오늘 아침 마신 우유가 아인슈타인인지
DHA우유인지
어미 소의 귀에 매달린 노란 바코드까지
내가 어느 젖소의 퉁퉁 불은 젖을 먹었는지
입술을 스쳐간 것들을 읽을 지도 몰라
먹어 버린 것과 뱉어 버린 것
입술만 달싹이다 삼켜 버린 것
살짝 입술에 덧칠해 놓은 것까지
어쩌면 기억회로에서 지워 버린 것들

오래전
입술의 흔적을 읽을지도 몰라

빨간 불빛은 어디에도 있어
나는 신문을 반으로 접어 입술을 가리지만

입술을 읽는 소리
삐—

3

내 빵은 하드보일드하다

아니 혼란을 거듭하는 푸른 혈관의 팔딱팔딱
뛰는 자판이라거나

아무리 먹어도 따듯해지지 않는 내 빵은
방사한 또는 감금된
하드 & 보일락 말락 숨을락 말락

피리소리

뼈중에 뼈
나는 그 소리가 듣고 싶어

흰 네 뼈에 입술을 대고 불면

열여덟해 몽골,
바람이 게르에 닿는 소리
난로에 마유 끓는 소리
비얀고비 모래가 뒤척이는 소리
바삭 바삭 고사목 부서지는 소리
그 여름, 흠없는 처녀
악공이 네 뼈에 구멍을 뚫던 소리
악공이 너를 물고 불던
첫 피리 소리

나는 너를 듣고 싶어

** 몽골에 18세 소녀의 뼈로 만든 피리가 있다*

제초작업

제초제 한 번 안쓴다
쪽
쪽
뽑혀 오는 손 맛으로

거르고
버리고
밟는다

더러 어줍게 드센 풀은
따로 뽀독,
허리께를 꺽는다

풀 비린내가 난다
오데코롱 한방울로 손을 씻는다

축구

나는 너의 그물을 흔들고 싶다

미들 필드를 넘어
아크 써클을 넘어
도저히 분명한 모든 금들을 넘어

나는 네게로 달린다

출렁이며 부서지는
나는 마지막
너의 그물을 흔들고 싶다

꾸지나무아래

이곳은 꾸지나무 아래
평상을 내놓고
막걸리를 파는 구멍가게도 없고
웃자라 미니를 걸치고 배달나온 티켓 다방도 없고

바다만 있다

인심좋은 아줌마가 끓여준 봉지라면에 김치를 얹어
저녁을 먹었다

노란 해가 진 자리
막 눈물을 훔치고 난 눈자위처럼 노을이 붉다
빨간 라면 국물에
꿀꺽 꿀꺽
노을을 삼킨다

쪽두리꽃

어느 한 생
내가 꽃나비로 날아
당신, 달디단 꿀만 먹고 줄행랑을 놓았는데
가늘고 긴 목을 빼
나풀 날아가는 나를 바라만 보았지요

언젠가 또 한 생
절창이던 당신을 꺾어
꽃반지를 만들었는데

한숨처럼 시들어
험한 산길에 당신을 버렸지요

이번 생엔 가벼운 일별
그냥 지나치려 했는데
찰랑 당신 쪽두리 위에 이슬이 맺혔네요

거기서
넘칠 듯 넘치지 않는 당신

이슬에 날개를 적셔
날지 않고
당신 옆에 있을까요…

(해 좋고, 이슬 마를 때 까지만)

그라운드제로

월드 트레이드 쎈타는 간단히 가루가 되며 바닥이 드러났다

문득 갈아 마신다는 말이 생각났다
뚝 허리가 끊기며
불기둥이 하늘 입속으로 빨려 들어갔다

그러니까 55층부터 먹었다
가장 비싼 펜트하우스는 가루 내 먹었고
눅눅한 지하층은 구워 먹었다
긴 트림을 열폭풍처럼 뉴욕 한복판에 토했다
먼지가 화산재처럼 쌓였다

월드 트레이드 쎈터앞
서점 주인은 눈물을 닦으며
바이블위에 쌓인 재를 닦아 낸다

이 재는 50층

저 재는 105층
요 재는 77층

서점에서

부자되는 방법 – 만 구천 원
성공 지침서 – 만 칠천 원
사랑받는 방법 – 만 오천 원
교양있게 사는책 – 만 원
시집 – 오천 오백 원

시집에는 그림엽서가 두 장 들어 있다
바다가 담긴

사실이 무섭다

예수님의 열두 제자가
열두 개의 사실을 말했듯이

사실, 나는 사실이 몇 개인지 알지 못한다
일 번부터 삼 번까지인지
등차수열인지 등비수열인지
나는 사실이 무섭다
검증된 사실은 더 무섭다
사실을 검증할 수 있는 도구가 있다는 사실도 그렇고
사실도 검증을 받아야 사실이라는 사실도 그렇고
이천 년 동안 검증을 받고도 열두 개나 되는 사실이 있다는 사실도 그렇고

사실, 나는 사실을 말하는 입은 더 더욱 무섭다
철퍼덕 내놓은 사실이, 아무렇지도 않게
사실이라고 말해야 하는 것도 그렇고

되돌려줄 사실은 없는지
차마 말하지 못하는 사실이 그렇다

사실, 나는
사실이 몇 개나 있어야 사실인지도 알 수 없고
사실이 사실과 얼마나 떨어져 있어야 안전한지도
알지 못하는 나는,

날개

자궁 속에서
처음 눈을 떴을 때
하늘은 축축한 검은 물이었다
거센 강을 따라 흘러 입을 닫아버린 밤에

나는 나왔다

검은 물이 입 속으로 밀려 들어 왔다
밤길은 좁을수록 하늘에 가깝고
밤 담벼락 안에도 축축한 검은 물이 흘렀다
해식 동굴에 날개를 처박고 거꾸로 매달려
흔들리다 밤이면 날개를 폈다

나는 밤날개를 밤그림자처럼 끌고 다닌다

우. 두. 둑. 둑.
조각난 검은 날개들
하늘에서 쏟아져 내린다

땅에 닿지 못한 채
검은 하늘에 떠, 돈다

내 빵은 하드 보일드 하다

먹으면 속에서 무엇이 되는지는 나도 모른다
튀어 나오는 것들로 짐작할 뿐이다 제법
의미를 갖는 말이거나 단순한 소리이거나

소리가 더 많은 의미가 있다는 것을 알아차리는
아니 혼란을 거듭하는 푸른 혈관의 팔딱팔딱
뛰는 자판이라거나

아무리 먹어도 따듯해지지 않는 내 빵은
방사한 또는 감금된
하드 & 보일락 말락 숨을락 말락

컴.다운

컴퓨터가 나갔다
그저 습관처럼 너를 찾았는데
너는 메일 하나 남기지 않고
훌쩍 나가 버렸다

힘이 들었나보다
모든 것을 기억하고 산다는 게
늘 반듯한 네모
각 잡고 산다는 게

나는 계속 용량만 키워 나갔다
비명 한 번 없는 너를
비명도 지를 줄 모른다고 하면서

눈 앞이 캄캄하다
전원만 빠알갛다
울고 있구나

투견

친절한 주인은
투견장에 나가는 아침이면
온 몸에 기름을 발라준다

희번득한 주인의 두 눈에
투견의 침발라 물광낸
송곳니가 보인다

눈에 눈물보다
입 속에 침이 먼저 고여서
입안 가득 투견이
동족을 물어 뜯고 온 날

밤이면
친절한 주인은
육즙을 한 잔 줄지도 모른다

解讀

그게 아니었어요
오해였어요
해명할 기회를 주세요
외로워요

나는 모니터에 자막으로 처리되어
타닥타닥 타전되는 글들을 읽는다
동물농장에서는 전문가에게
개 짖는 소리를 전화로 보내 주고
그 소리는 모스부호처럼 해독되어 나왔다
개주인은 개에게 입 맞추며 말한다

몰랐어 미안해

나는 수화기를 들어 너에게
타닥타닥 타전을 한다

깨.
개.
갱.

그림자

일영日影곡선을 그린다
동지날 9시 부터 15시 사이
2시간 이상 계속하여 일조日照를 확보하도록

너의 창에
나의 그림자가 들지 않도록

나는 법이 정한 바에 따라
내 그림자를 조금씩 잘라내어
안으로 안으로 구겨 넣는다

나는 검게 물든 손으로
보고서에 -위법성 없음- 이라고 썼다가
다시 고쳐 쓴다

그림자 없음

** 일영곡선-건축법 용어*

바둑을 두며

我生然後에 殺他라
그러면 4급이라고
상식만 지키라고 했다

대국장에 들어서며
나도 상식만큼은 살고 싶었다

그런데 나는 오늘도, 외통수
쌍아다리 후절수 귀곡사 다 걸리고
뭉텅 집이 잘려 나갔다

한 수만 물려 달라고
놈에게 매달려야 하는지
철거반이 닥치기 전에
한 집이라도 구할 수 있는지
상식을 열심히 찾아보지만

스피커에서는 또박 또박
내게 남겨진 시간을 알려주고 있다

한 알 한 알
집이 헐리고 있다

전어

어디쯤 바다를 퍼온 것인지, 전어를
그는 1톤 트럭에 싣고 다닌다

반짝이는 비늘을 벗겨내고
속살 탱탱한 회를 뜨기도 하고
얼큰한 매운탕을 끓이기도 하고

이 번잡한 도시에서
전어처럼 그의 팔은 팔딱이고
땀방울이 막 벗겨낸 비늘처럼 바닥에 구른다

낟알

지천에 낟알이다
FTA 농성중 집어던진 쌀가마에서 튕겨져 나와

며칠째 노숙하는 농민들처럼
아스팔트 바닥에
낟알이 뒹군다

전경들이 낟알을 밟고 지나간다
딴딴한 아스팔트 바닥에 낟알은 깨지고
힘없이 박힌다

이내 크린서울 청소차가 와서 깨진 낟알들을 쓸고
아스팔트는
다시 깨끗해진다

** 크린서울은 청소차에 적혀 있는 것임*

밥 값

빠지직.
불타는 닭발집에 앉아 쇠스랑 같은 닭발을 쪼옥 발라 먹고
빠지직.
불타는 닭발집 타는 불빛 속으로 날 것들 날아 들어
3초 구이가 되고

오드득.
닭발을 뼈째 씹어 먹고
오드득.
땅에 떨어진 날것들을 밟고 서서

나는 분명 밥값을 냈다

갈매기

배가 고플 때면
뱃속에선 갈매기 울음 소리가 난다

비린 것이 먹고 싶어
나는 생선구이 집을 찾아
엘리베이터를 타고 수직강하를 한다

어디서부터 날아 왔는지
배고픈 갈매기들 너무 많고
청해진 바다나라 동원횟집
다 만선이다
점심 시간은 언제나 짧고
얼마나 기다려야 먹을 수 있는지
아니면 좀 더 먼 곳으로 가야 하는지
배 끝에 매달려
끼룩

갈매기,
새우깡을 먹는다

볼펜 돌리기

손 끝에서 헬리콥터가 돈다
볼펜만 잡으면 습관적으로 손은 이륙 준비를 하지만
나는 너무 무겁고 떠오르지 않는다
헬리콥터의 가는 목을 꽉 움켜주고 뾰족한 주둥이를 종이에 쳐박는다
빨간 잉크가 목줄기를 타고 분사한다

날지 못하고 추락한 것들
손에 빨간 잉크가 묻었다

한 철, 무림에서

그의 秘技는 침혈이다
대개 혓바닥 속에서 나오는데

표창이나 장풍보다 빠르게
좁고 깊은 혈도를 꽃술처럼 파고 들었다

제법 그는 사혈을 짚지는 않으나
숨골에는 아혈을 짚히고, 아린 듯 아련한 듯
말문을 닫아버린 잡풀들 무성했다

무림에선 아삼삼,
입을 벌리면 침혈이 날라 온다
한 끝에 끝이 난다
秘器의 비법이다

차라리 나는 비기를 훔치고 싶다

그 날

조계산 일주문 앞

단풍지던 날

단풍이 흔들리던 날

단풍이 젖어 있던 날

가을, 들판

가을이 크는 구나
45억년을 살고도 해마다 크는구나

장마 지나고 태풍 지나고
논밭에는 알진 벼와 속이 꽉 찬 무 배추
슬렁 덮어 놓은 두렁길에도 콩이 여물고

45억년, 쑥쑥 뽑아 먹어도
저 풍만한 논 밭

거미줄

티비선 케이블티비선 전화선 전기선
산16번지로가는선 산77번지로가는선
산101번지로가는선

튼 살처럼 갈라진 골목마다 전신주가 촘촘히 박혀서

나는 거미줄 아래 살아
꼬리에서 거미줄이 계속 나와
처마끝에 문선에 이제는 손가락 발가락 겨드랑이 눈썹 입술 거미줄이 나를 가둬
계속 걷어내는데
어느새 날렵하게 또 걸려 있어

숨을 쉴 때마다 거미줄이 출렁 거려
하늘이 조각조각 부서져

물밥성찬

고향집 앞 개울에 그 아이
수수꽃다리 민다리만 보고도 괜히 수줍던
그 아이
백비탕을 들고 호명산 그늘에 물밥으로 살자 하던 그 아이

그래도 .. 가끔은 .. 간장 된장 고추장
종 3품은 아니어도 종 3찬은 되야지

그 아이, 클리포드

** 클리포드: 채털리부인의 클리포드*

4

능금은 언제 깊어지는가

서랍 속 능금이 서로 부딪치고 섞여
농밀한 향을 품어냈다
불을 붙이자 맑은 물이 촛대에
촛농처럼 고이고
미세한 과육의 결이 보였다

한갓

잡초인 줄 알았다
어린 물방개
온 몸으로 부여잡은
命줄인 줄 모르고

후공간

소개령이 내린 도시같다, 추석
각자 물고 온 젖줄을 타고 회향하면

텅 빈, 후공간

말소리가 지워지며
기계음이 후폭풍처럼 몰려왔다
컴퓨터 복사기 냉장고 팩스 점점 소리가 커진다
기기도 그들을 가둔 몸체를 떠나기 위해
신호음을 발산하는 것일까

어디든 갈 수 있지만
어디로 가야 하는지를 몰라하는
고향을 잃은 것들, 기계 속에 갇혀

놓아주고 싶은데
방사하는 방법을 모른다

Z

그는 고수야
닭싸움에
모래를 집던 뾰족하고 날카로운 부리로
나를 마구 쪼아대
처음엔 간지러웠는데
날개가 돋는 줄 알았는데
살갗에 타투, 피꽃이 피었어

그러나 난 닭 되구 싶은 생각은 없어
가끔 먹긴 하지
닭 가슴살
날개나 다리처럼 여물지 못한 가슴을
아침마다 펑 펑 울어대던 가슴을
옴팡 옴팡 뜯어서
겨자채를 확 뿌려서
펄 펄 뛰는 가슴을

난 닭싸움도 하지 않아
대신 손톱을 기르지

그의 닭털 깊숙히 무른 가슴살
나도 타투를 새기고 싶어

Z

못

이사를 갈 때마다 작아지는 방에서
그녀는 망치를 들고 못을 박는다
헛손질 몇 번에 손가락 끝에 피멍이 들고
벽은 인색하게 한두 개 틈을 내 주었다
방은 더 작아져
못에는 외출복이 걸리다가 작업복이 걸리고
어느새 감자며 양파망이 걸렸다

앙상한 못처럼 그녀
벽에 걸려
녹물이 빨갛게 흘러 내린다

집

어리복숭아거위벌레는 거친 나무껍질을 기어 올랐다
솜털 보송한 향 좋은 과육을, 육각의 눈초리가 무섭게 반짝인다
촉수를 뻗어 영역을 표시하고 도톰한 껍질에 주둥이를 꽂는다
사악 사악 과육을 파먹는 소리가 들린다
과즙이 흐르는 집 뚝뚝 혀끝에 융모가 젖는다
분홍 속살 속, 깊숙히 둥글게 잇몸자국 새겨진
집을 삼킨다
다리는 집을 찾아 입으로 들어간다 몸통이 들어간다
더듬이가 들어간다 두 팔이 들어간다
입이 입을 삼킨다
혓바닥만 덜렁 흔들린다

봉숭아물 들 무렵

그 날 저녁 할머니는 손톱에 봉숭아물을 들여 주었다
손가락 끝에 아른한 통증을 느끼며 잠이든 나는
설핏 잠이 깨었다

할머니는 혼자 대청에 서 있었다. 달빛에
인조견 흰 속치마가 차디 찬
파란 불기둥 같았다

가끔씩 소문처럼 들었던
성북동 뒷산을 넘어 온다는 문둥이가
대문에 서 있었다

서른 셋 청상이신 할머니는
전쟁이란 전쟁은 흰 인조견 속치마 하나로 다 받아낸 할머니는
지붕 속에 자신의 핏덩이들은 다 감추고

너무도 조용했다
할머니도
문둥이도

소문처럼 문둥이는 그저 왔다가 갔다

다음날 할머니는 식솔들을 다 방에 두고
직접 소주를 사다가 대문에 들이 부었다
그 후 봉숭아물 들 무렵이면
나는 가끔 그 문둥이가 떠올랐다

그 날 그는 왜 그렇게 가버렸을까
할머니를 보면서
혹시 고향 어디쯤 자신의 엄마를 생각한 건 아니었을까
전쟁에 치이고 아들까지 문둥이로 내어준
지붕을 머리에 이고 파랗게 필사적인 자신의 엄마를

극도의 공포을 혼자서 버텨내는
서로가 서로의 눈에서 공포와 연민을 동시에 느껴야 하는 이들이

다음 생이 있을까
손 잡아 줄 누군가가

분홍저고리

조르르 길가에 나앉은 화분들
분홍 노랑 흰, 꽃 이름 대신
이천원 푯말이 달려 있다

가을 짧은 볕에 새들 새들 웃는 꽃

지나던 할아버지, 분홍 하나 집어든다

자글 자글 민망한 웃음이
화사하다

비가 오는 날은

에스프레소가 좋아
크림과 설탕 잡냄새를 걷어낸
원액 그대로

적도에, 서
표피부터 뱃속까지 새까맣게 타들어가며
목젖을 달랑거리며
그립던 한 방울

이 냄새
비 바람 냄새
정수리에서 쇄골을 타고 가슴으로
퍼붓는 흠씬 비 냄새

비가 오는 날은 원두를 갈아
에스프레소를 끓이지, 뜨겁게
살아 남은 향기
적도를 마시지

채팅

어여쁜 것들은 여기 다 모여 있다
흰구름 이슬비 국화 파도 나무
닉네임이 팝업(pup-up)처럼 터지고

일찍이 아득한 것들도 왔다
순수 사랑 꿈 열정 희망 눈물
그리고 그대…

모판만한 모니터에
톡 톡 심겨지는 글들은
터를 놓고 싸우지도 않았고
목말라 하지도 않았다

언제나 그렇듯
그리운 것들은
못줄 같은 주사선에 잠시 앉았다
깜빡 깜빡 사라져 갔다

능금은 언제 깊어지는가

능금은 향기 나는 작은 양초
불을 붙이면 빨갛게 녹아내릴 것 같아
상처 없는 한 알을 골라 책상 위에 놓고
약간 흠진 세 알을 빈 초받침에 담아 서랍 속에 두었는데
미미하던 향이 짙어졌다
책상 위 능금은 그대로인데
서랍 속 능금이 서로 부딪치고 섞여
농밀한 향을 품어냈다
불을 붙이자 맑은 물이 촛대에 촛농처럼 고이고
미세한 과육의 결이 보였다
희미하게 촛대에서 무언가가
흔들리며 떠올랐다

능금같은 그 것
빡, 소리를 내며 갈라지더니
물같이 흐르던 그 것

소곡

나, 항상 나
배가 고파
발돋음 하고 시퍼런 하늘 다 삼키고도
발 아래 흙 묻은 새순까지 오독 오독 파 먹고도

나, 항상 나
배가 고파
뚝 뚝 잘라
나를 삼키고 있어

** 서정주님 소곡에 붙여*

그 때,

녀석들은 책가방을 내게 맡기고 뛰쳐나갔다
스크럼을 짜고

쿵.

쿵.

학교를 떠나가는 발소리

해가 져도
녀석들은 돌아오지 않았다

어둠 속에서 산처럼 쌓인 책가방은
이제 막 덮어버린 봉분 같았다

혹시라도 하나라도
책가방만 남게 될까봐

나는 시묘지기처럼 혼자 앉아
쭐 쭐 울었다

胎

초고속통신망
DNA칩
전세계에 분포합니다
텔레파시 기능이 있어서
어디라도 전달 가능하며
꿈에서는
화상통화도 할 수 있으며
타임머신 기능이
부가서비스로 제공됩니다

설치비 - 무료
해지- 안됨
사용료 - 가끔씩
　　　　캥기고 땡기고 아프고
　　　　아주 가끔씩
　　　　눈물이 납니다

어디 가시는지

연꽃을 만나고
발 끝을 들어
살며시 어디 가시는지

연꽃같은 두 볼
그 흰 가슴을
어디에 풀어 놓으시려고

어린 사미
흠향을 하고, 어디
피었다나 가시는지

그 또는,

열어 논 창문으로 확.
코 끝의 공기가 달라졌다
내 점막에 달라붙은 미세입자
막 따끈따끈한 가루가 된, 그

시신은 거짓말을 못한다는데
노린내 - 그 정직한 고백

무릇

그것은 말일까 글일까
말이라면 입 속에 유익균만 있는 것이 아니고
글이라면 때론 종잇장에 살을 베기도 한다
말은 날카로운 코끝에서 과도하게 반짝이거나 깊은 그림자가 지기도 하고
눈 속에서 익사하거나 빤히 각도를 틀어 반사하기도 하고
등 뒤에선 굽은 등뼈에 걸려 넘어지기도 한다
간신히 주파수를 맞춰도 교란음은 영악하고
귓바퀴를 돌며 자음과 모음이 퍼즐처럼 뒤섞인다
입에서 객적은 주렴이 쏟아져 나온다
주섬주섬 만화경에 주워 넣고 들여다 본다
글자들은 몸을 틀어 유체를 이탈한다
자음과 모음은 또 엉기고 또 부서진다

자판에 낙루한 글자들
잇몸에 끼어 있다

하필, 下山

아라리오 미술관에 가면 下山이 있다
청동의 두 팔은 작은 실핏줄까지 다 튀어나와
아라리오를 구른다
굴러 떨어진다
따라오는 팔도 없고 따라가야 할 팔도 보이
지 않는데

두 팔은 허공을 하산한다
끝이 없으므로 끝없이 하산한다

가라는데
세상 저편으로 가라는데
두 팔은 땅만 파고 있다

움켜 쥔 마그마가 뜨겁다
메두사처럼 혈관이 펄떡인다

두 팔은 차라리
페르세우스를 부르는 걸까

서랍 속으로

천천히 걸어 들어간다
오래되 물러앉은 잇몸처럼
짜넣은 사방 귀가 헐거워 덜그럭거린다
이 냄새였다
나달 나달 삭으면서도 곰팡이 슬지 않는 냄새
책 틈에 끼워 놓고 몰래 보던 사진 한 장
장롱 속 오랫동안 펴지 않은 이불처럼 켜켜이 쌓인 편지
행간을 따라 넝쿨진 장미꽃밭을 걷는다, 희미한 체취
글자와 글자 사이
어디에서 길을 잃었는지
장미 가시에 찔리고 나는 절뚝거린다
눈물이 떨어져 깊은 웅덩이가 생기고 격랑이 인다
글자들은 표류하다 흰 배를 내놓은 채 죽었다
바닥을 내보이고 쩍쩍 갈라진 웅덩이에 앉아
점자처럼 뭉개진 글자들을 더듬는다

덜컹 찬바람이 들어 온다
서랍 속 나는 사진을 찾아
귀삭은 편지를 자꾸만 끌어 덮는다

백발가

피꽃은 잡촌줄만 알았지요
뽑으면 뽑히는 줄 알았지요
상처는 낫는 것인 줄 알았지요
가리면 가려지는 줄 알았지요

애써 찾지 않아도
이마 위에 머리털
뿌리부터 몸통까지
그렇게 깨까시
홀딱 벗고 섰을 줄을

눈있어도 못보는 것 있더이다
귀있어도 못듣는 것 있더이다
못하는 말 하나 없던 그 입으로
아무 말도 할 수 없는 그런 날도 오더이다

지가 지맘 속여도
지는 안속고 살더이다

어제는 청춘일러니

** 어제는 청춘일러니- : 사철가중 한 대목*

아이스께끼

아이 엄마는 시장 골목에서 맷돌을 갈아 빈대떡을 부쳤다
늙은 아버지와 젊은 엄마의 고명딸인 아이는
주머니가 늘 두둑해서 체육수업을 하고 난 날이면 학교앞 문방구에서 아이스께끼를 친구들에게 사주었다

시장통을 지나는 길
발간 알전구 아래 빈대떡 냄새에 코를 벌렁이면서도
나는 소주냄새를 피해 길 반대쪽으로 붙어 걸었다

돼지비계가 노오랗게 지글거리는 둥근 불판 뒤에서
아이는 보았는지 못 보았는지 고개를 안으로 꺽고 있었다

나도 고개를 꺾는데

흰 체육복에 아이스께끼를 먹다 흘린 노오
란 자국이
묻어 있었다

바다를 사러 간다

처음엔 긴 손가락 한 개로 간을 보다가
쓱 손을 넣어 바다를 젓다가
바다를 마신다

접시바다는 젓가락이나 손가락이 닿을 때만
잠깐 파문이 일고 이내 잠잠한데
고은 모래밭에 뒹굴어도 어느 결에 살갗이 까지고
깨진 조개 껍질이나 바위 위 피어있는 파란 따개비라도 잘못 밟으면
발바닥은 옴팡 뜯겨 피가 났다

태풍이 오거나 해일이 일면
바다속 침전된 해묵은 찌꺼기들 뒤집어져 나오고
해변으로 밀려난 조개들은 모래를 토해낸다

해일이 멎고
서툰 봉합이었는지

해감을 다 한건지
발없는 조개들은 말없이
바다로 가고

그 녀, 바닷가에 앉는다
빨간 발자국을 모래밭에 꾹꾹 찍다가

내일쯤 접시를 들고
바다를 사러 갈지도 모른다

숨은 못

쪽진 그녀의 머리는 늘 찰지고 탐스러웠다
칠보 꽃이 촘촘히 박혀 있는 은비녀를 꽂으면
시집올 때 들고 온 화초장처럼 가만히 화사
했다

초례청에 원삼을 벗어 놓자
생목치마가 풍란風蘭처럼 흔들리는 살림이었다
요즘은 자고 나면 베개잇에 머리카락이 흰
파뿌리처럼 묻어나고
빗질을 할 때마다 뭉텅 빠졌다

귀틀이 삭으며
화초장 깊숙히 박혔다 드러난 은정隱釘처럼
내내 머리에 꽂혀 있던 비녀가 헐겁다
군데 군데 잎새 떨어진 칠보 꽃이 보인다

눈

몸통과 다리사이 덜렁거리는
오징어 주머니 머리에는
검은 두 눈만 불발탄처럼 박혀 있어

거기서
검은 눈물 펑펑 쏟아질 것 같다

살아서 본 모든 것들
풍장을 하며
다 날려 버리고

함구한
저 검은 눈

포도

요령같이 달라 붙은 포도알을 목구멍에 넣는다
딸랑 딸랑 식도에서 소리가 난다

밥은 거저 오는 것이 아니지
팽그르 작두 위에서
눈알이 포도알처럼 굴러야지
포도알 까룩하게 속을 다 뒤집고
무복이 땀으로 처억 늘어질 때까지 딸랑거려야지

요령 소리도 오래 묵어야
작신 포도주가 되지

팔월 포도밭은 가도 가도 땅볕
요령 소리뿐이지

숨은그림찾기

씨방처럼 톡톡 벽귀퉁이 물방울이 맺히기 시작한 후에
장미꽃잎이 젖어 검게 시든 후에

나는 벽에 늘어 붙은 장미꽃밭을 헤치고 안으로 들어갔다
한때 옹벽이던 콘크리트 덩어리는
쩍 벌어져 군데 군데 균열, 빨간 동그라미를 쳤다
모래 따로 시멘트 따로
크고 작은 동그라미가 굴러 떨어진다
녹물을 묻히고 벌겋게 부픈 이형 철근을 찾는다
막아도 바람 새던 쥐구멍을 찾는다
드난꾼마다 치고 빼고 또 친 못자리를 찾는다
삭아 내린 전기줄을 찾는다
오십견처럼 밤마다 앓는 소리를 내는 오배수관을 찾는다

장미덩굴은 전생처럼 얽키고 가시가 깊다
뚝 뚝 붉게 물든 숨은그림들

나는 가시를 손에 박은 채
장미꽃밭을 나온다

□ 해설-한혜원 시인의 시세계

시적 자유와 역발상의 경이

오 봉 옥

시인, 서울디지털대학교 교수

한혜원은 천재 시인이라고 일컬어지는 이상을 떠올리게 한다. 둘은 공통점이 많다. 건축설계를 한다는 점, 진부한 것을 싫어하고 늘 새로움을 추구한다는 점, 한 편의 작품을 오랫동안 만지고 다듬는다기보다는 번득이는 생각으로 한순간의 정서를 토로하다보니 그 생산량이 많다는 점 등이다.

한 시대를 앞서간 이상은 우리 문학과 시의 낙후성을 통탄했다. 그러면서 파격적이고 도발적인 작품을 내놓았는데, 그것이 바로 조선일보에 연재하다 중단된 <오감도>이다. <오감도>를 보면 이상이 얼마나 시대의 흐름에 민감했는지를 알게 된다. 유럽에서 유행하던 다다이즘이나 쉬르레알리즘같은 것이 이상의 손에 의해서 이상만의 방법으로 새롭게 구현되고 있는 것이 <오감도>인 것이다. 그러니 거기에는 새로움을 추구하고 받아들이는 작가정신이 숨어 있다고 할 수 있고, 또 한 시대를 앞서가면서 뒤따라오는 사람들에게 보내는 악동의 미소가 숨어있다고 할 수도 있다. 실험 정신은 직업과도 관계가 있을 것이란 게 필자의 생각이다. 건축 설계야말로 늘 새로움을 추구하던 직업이 아니던가. 포스트모더니즘이란 말이 건축에서 처음 사용되었다는 것도 그러한 점과 무관치 않아 보인다.

한혜원과 필자는 '디지털문화예술아카데미'란 곳에서 만나 오랜 시간을 함께 했다.

그곳에서 문학을 논했고, 각자 써온 작품들을 합평했다. 누군가 작품을 올리면 서로 간 댓글을 달아 격려도 해주고, 흠결을 지적해주기도 하는데 한혜원만큼은 유독 답시로써 댓글의 공간을 채우곤 했다.

누군가의 시를 읽고 곧바로 즉흥시를 쓸 수 있다는 게 쉬운 일은 아닐 것이다. 아니 그것은 오랜 동안의 경험과 내공이 없어서는 결코 나오지 않는 것이다. 그런 점에서 한혜원은 늘 우리로 하여금 감탄을 자아내게 하는 사람이다. 이 시집에 올라온 상당수의 시편들이 바로 그런 작품들인 바, 그럴 때에 염려스러운 점은 작품의 균질성이 떨어질 수 있다는 점이다. 하지만 한혜원의 많은 시편들은 그런 염려 역시 기우임을 보여준다. 그런 작품들 중 몇 편을 먼저 보기로 한다.

목욕탕에서 그네들 우들우들한 뱃가죽에
검고 긴 자크를 보았지
자크를 쭉 열고 아기를 꺼낸다지
내 배엔 자크가 없어 대신 매일 나는 배꼽에 단추를 달아
장미 단추를 달면 배꼽이 아파
가시에 찔리면서 장미 향기를 낳지
별 단추를 달면
밤에 처녀좌나 물병좌 긴꼬리 전갈좌를 볼 수도 있어
어떤 날은 비 단추를 달아
껌껌한 흙비 장대비 이슬비 여우비
그런 날은 아침이 올 때까지 빗소리를 듣기도 하지
오늘은 구름단추를 달아보려고 해
모두가 잠든 사이 구름단추를 열면 흰 구름
배꼽에서 뭉개 뭉개 피어오르고
어쩌면 나는 조금씩 가벼워져
구름이 될지도 몰라

—<배꼽단추> 전문

이 시는 발상이 아주 신선하다. 수술자국—자크—아기—배꼽단추—배꼽단추가 낳은 사물들의 연상도 재미있지만, 이미지가 청승맞거나 구질

구질하지 않고 가볍고 날렵해 읽는 이로 하여금 호감을 갖게 한다. '배꼽단추'가 불러온 각양각색의 사물들은 시인이 불러온 발랄하고 풍부한 상상력이라 할 수 있는데 그것은 그 사물들의 이미지에 걸맞게 동원된 어휘의 색깔과도 맞물려 시 읽는 재미를 배가시킨다.

의미론적으로 살펴볼 때 이 시는 여성이 갖는 생산성에 대해 생각하게 한다. 뭔가를 낳는다는 것, 그 생산된 것이 생산자에게도 영향을 주어 변화시킨다는 것, 이를테면 '구름단추'를 단 화자이기에 '흰 구름'을 불러올 수 있고 그 '흰 구름'은 다시 생산자에게 영향을 줘 '구름' 같이 가벼운 상태로 전화하게 한다는 점은 여성성이 갖는 생산의 무한한 의미에 대해 생각게 한다.

'배꼽'은 어머니의 신체에서 떨어져 나온 증거일 뿐 아니라 새로운 삶을 시작하는 증거이기도 하다. 라캉의 말처럼 '우리가 욕망하고 사랑하는 대상이 궁극적으로 자신의 이미지이거나, 자신의 육체를 연장하는 육체이거나 혹은 이제껏 사랑해왔던 존재들 모두에게 있는 공통의 특징을 지니고 있는 대상'이라면 이 시의 화자가 '배꼽단추'를 달아 뭔가를 불러오고자 하는 것은 자신의 존재를 확대하고자 하는 행위,

보다 더 자유롭고자 하는 행위가 된다. 그런 점에서 이 시는 여성의 생산성이라는 무거움의 상징물을 무겁지 않게 표현한, 아니 그 무거움이 밀어 올리는 그 어떤 가벼움의 세계, 욕망의 세계를 보여준 작품이라고 할 수 있다.

그런데 극장에선 팝콘만 팔아
빨강 노랑 파랑 팝콘도 있지만
난 흰 팝콘을 집었어
흰 팝콘을 보면 마릴린 몬로가 생각나거든
7년만의 외출인가, 확 뒤집어지는 뽀얀 치마 말이야
불이 꺼지면 난 그 발칙한 팝콘을 집어 먹어
고소하고 짭쪼름해
마지막 팝콘을 먹을 땐
어둡지만 재빨리 주위를 둘러봐
쪼옥
손가락을 빨아먹어야 하거든

―<팝콘> 전문

이 시 역시 '흰 팝콘'이 주는 이미지를 통통 튀는 발상과 표현을 동원해 맛있게 처리한 작품이다. 흰 팝콘―마릴린 몬로의 뽀얀 치마―집어 먹고, 빨아 먹는 행위 등의 연상은 관능을 넘어선 그 어떤 재미에 도달하게 한다.

특히 '마지막 팝콘'을 먹고 난 뒤 주위의 눈치를 살피며 '손가락'을 빠는 장면은 웃음을 자아내게 할 뿐 아니라 음식물을 소재로 한 이 시를 아주 맛있게 느껴지도록 한다. 이 시는 한혜원이 얼마나 개성적인 시인인가를 말해준다. '그런데'라는 난데없는 접속어로 시작한다는 점, 이렇게 가볍고 통통 튀는 것만으로도 한 편의 완성된 시가 될 수 있다고 생각하는 자유 발랄한 사고 등은 다른 많은 시인들에게서는 쉽게 찾아볼 수 없는 점이다.

많은 사람들의 시가 내용이나 형식에서 서로 닮아 있어 그것이 누구의 것인지를 쉽게 구분할 수 없는 풍토를 생각해보면, 특히 개성적인 신인들을 찾아보기가 쉽지 않은 우리 문단의 풍토를 볼 때 이와 같이 개성적인 작품을 내놓았다는 사실만으로도 한혜원에게는 높은 점수를 줄 수 있다. 재주가 별거 아니다. 관능적 상상력을 전혀 관능적이지 않는 것처럼 이렇게 재미있게 묘사할 수 있다는 것도 재주라면 재주이다. 이런 재주가 한혜원에게는 순간적으로 나온다. 아마 이 시도 다른 사람의 댓글을 달다가 나온 것일 터이다.

어리복숭아거위벌레는 거친 나무껍질을 기어오른다
솜털 보송한 과육위에서 육각의 눈초리가 무섭게 반짝인다
촉수를 뻗어 영역을 표시하고 도톰한 껍질에 주

둥이를 꽂는다
　사악 사악 과육을 파먹는 소리가 들린다
　과즙이 흐르는 집 뚝뚝, 혀끝에 융모가 젖는다
　분홍 속살 속, 깊숙이 둥글게 잇몸자국 새겨진
　집을 삼킨다
　다리는 집을 찾아 입으로 들어 간다 몸통이 들어
간다
　더듬이가 들어간다 두 팔이 들어간다
　입이 입을 삼킨다
　혓바닥만 덜렁 흔들린다

−<집> 전문

이 시는 한혜원의 또 다른 면모를 보여준다. 가볍고 날렵한 이미지 또는 무거움을 무겁지 않게 표현하는 방식에서 벗어나 먹이사슬 구조의 잔혹성을 그로테스크한 이미지 그 자체로 보여주고 있는 것이다. '어리복숭아거위벌레'는 '과육'를 파고들어가 '집'을 짓는다.

하지만 화자는 '어리복숭아거위벌레'와 함께 그 소중한 '집'을 삼킨다. 그 먹고 먹히는 과정을 이 시는 그로테스크한 이미지로 적나라하게 드러낸다. 이 적나라한 묘사가 우리로 하여금 우리들 스스로가 필연적으로 가져야 하는 죽음에의 공포를 환기시키고, 우리들 스스로가 먹이사슬 구조의 한 복판에 있는 것임을 자각하게 한다.

이 과정에서 보여주는 잔혹한 이미지는 '과육을 파먹기' 위해 '주둥이를 꽂는' 행위, '잇몸자국 새겨진 집을 삼키는' 행위, '어미복숭아거위벌레'의 '다리'가 화자의 입으로 들어가는 행위, '몸통'이 들어가는 행위, '더듬이'가 들어가는 행위, '두 팔'이 들어가는 행위, 그 '입'이 '입' 속으로 들어가는 행위, 그래서 결국 다 삼킨 뒤 '혓바닥만 덜렁 흔들리는' 행위로 그려진다.

이렇듯이 공포스럽고 기괴한 이미지의 거침없는 발현 속에서 우리는 먹이사슬 구조-조금 더 확대하면 사회도 해당된다-가 갖는 그 내면의 잔혹성을 깨닫게 되고, 나아가 그러한 것을 관성적으로 받아들이는 우리의 사고를 질타하게 된다. 그것이 작자의 의도일 것이다. 그런 점에서 그러한 의도 즉, 그로테스크한 이미지의 중첩으로 악몽의 상상력을 전개시킨다거나, 신체 해부와 관련된 잔혹한 이미지들을 과도하게 등장시켜서 뭔가를 해체하고자 하는 것은 역으로 새로운 삶의 영토를 창조해내고자 하는 강력한 바람에서 나온 것임을 확인하게 된다.

어느 한 생
내가 꽃나비로 날아
당신, 달디단 꿀만 먹고 줄행랑을 놓았는데
가늘고 긴 목을 빼

나풀 날아가는 나를 바라만 보았지요

언젠가 또 한 생
절창이던 당신을 꺾어
꽃반지를 만들었는데

한 숨처럼 시들어
험한 산길에 당신을 버렸지요

이번 생엔 가벼운 일별
그냥 지나치려 했는데
찰랑 당신 족두리위에 이슬이 맺혔네요

거기서
넘칠 듯 넘치지 않는 당신

이슬에 날개를 적셔
날지 않고
당신 옆에 있을까요...

(해 좋고, 이슬이 마를 때까지만)

–<쪽두리꽃> 전문

<쪽두리꽃>은 한혜원의 시치고는 아주 독특한 작품이다. 이 시는 우선 불교의 연기론을 떠올리게 한다. 아시다시피 불교의 연기론은 사물간의 인과관계에 대한 이론이다. 세계 만물 중 어느 하나라도 인연화합으로 이루어지지 않은 것은 없다. 인因이 있으면 반드시 과果가 있고,

과가 있으면 반드시 인이 있다. 그런 점에서 모든 사물은 필연적 관계를 지니고 있다. '당신'과 '나'의 윤회는 거의 필연성을 띠고 반복된다.

주목할 만한 점은 '당신'이라는 존재가 '쪽두리꽃'으로 한정되어 드러나는 존재-쪽두리꽃은 이름에서도 풍기는 바와 같이 어여쁜 새색시의 머리 위에 살포시 얹으면 그 무엇보다 화려한 화관이 될 만한 꽃이다-임에 반해 '나'라는 존재는 작자의 자유로운 연상작용에 의해 변형된다는 점이다.

'꽃나비'에서 '꽃반지를 만들 수있는 존재'로, 다시 '날개'를 단 존재로 전생轉生을 거듭하는 것이다. 이렇게 '나'라는 존재에 동적 생명력을 부여한 것은 '당신'과의 관계에 가 닿기 위함이고, '당신'과 '나'의 관계가 교감과 헤어짐을 거듭하고 있다하더라도 결국엔 필연의 고리로 묶여있다는 것을 보여주고자 함이다.

이 시에서의 '당신'은 전통적 서정시에서의 야속한 '님'과 달리 늘 '나'의 곁에서 머물고 있는, 머물고자 하는 존재이다. 반대로 '나'의 존재 역시 전통적 서정시에서 흔히 드러나는 수동적이고 일방적으로 당하는 존재가 아니라 '당신'의 '달디단 꿀'만 빼먹고 달아나는 얄미운 존재, '당신'의 생을 꺾어 '꽃반지'를 만들더니 이

내 버리고 가버리는 야속한 존재, 세 번을 연거푸 만났으면서도 '그냥 지나치려'하는 무심한 존재로 그려진다.

이 시의 백미는 후반부에서 드러나는 화자의 마음결에 있다. '당신'의 '쪽두리' 위 눈물같이 맺힌 '이슬'에 '나'의 '날개'를 적셔 '해 좋고 이슬이 마를 때까지만' 있어볼까 하고 마치 적선하듯이 내비치는 마음, 그 야속하고 얄미운 마음, 그러면서도 두 차례에 걸쳐 버리게 된 전생前生을 기억하고 있다는 듯이 '당신 쪽두리' 위에 맺힌 눈물 같은 '이슬'을 보며 측은지심을 발동하고 있는 마음결, 나아가 '당신'을 향한 관심의 실체가 스스로도 궁금해 약간은 망설이고 있는 듯한 마음결 등 복잡다단한 심사를 보여주고 있는 후반부가 읽는 이를 젖어들게 하는 것 같다. 괄호로 처리된 마무리도 사족으로 비치지 않고 시의 맛으로 작용한다. 화자의 복잡다단한 마음결을 보여줄 뿐만 아니라 그것이 시적 여운을 만들어내는 데 중점적인 역할을 하기 때문이다.

한혜원은 자유로운 정신의 소유자이고, 그런 만큼 발상과 상상력이 뛰어난 시인이다. 개성있는 시인을 만나기 힘든 시대에 자기만의 개성을 갖고 있는 시인이기도 하다. 다만 아쉬운 것은 직법 상의 문제로 한 편의 작품을 오랫동안 만지고 다듬고 재가공하기보다는 한 순간의 느낌을 터트리듯이 써내기 때문에 그만큼 탄탄한 구조와 긴장을 보여주는 작품을 생산하기가 어렵다는 점이다. 이 점 참고하여 더 좋은 시인으로 거듭나기를 바란다.

오늘 난 한혜원의 자유로운 정신이 낳은 다양한 시세계를 살펴보았다. 그녀가 가진 역발상의 힘과 거침없는 상상력이 우리 시의 지평을 크게 확대할 것으로 여겨지는 바, 앞으로의 활동에 크게 기대를 걸고자 한다. 문운을 빈다.

한혜원 시집 내 발우 속에는 아귀가 산다

초판인쇄 2009년 3월 18일
초판발행 2009년 3월 20일
지 은 이 한혜원
발 행 인 황송문
펴 낸 곳 문학사계
주 소 서울특별시 영등포구 문래6가
56-1 미주프라자 102호
전 화 (016)561-5773
팩 스 (02)2637-9759
이 메 일 songmoon12@hanmail.net
등 록 2005년 9월 20일
제318-2007-000001호

값 7,000원

배포처 자유문고 (02)2637-8988